WILHELM HANSEN EDITION NR. 2238

T0080846

Suite pour Trombone

avec

Piano

par

Axel Jørgensen

Op. 22

I. Triomphale
II. Menuet giocoso
III. Ballade et Polonaise

Edition Wilhelm Hansen A/S, Copenhagen

A Monsieur ANTON HANSEN

SUITE
pour Trombone avec Piano

I. Triomphale

Axel Jørgensen, Op. 2

Allegro con fuoco

Trombone

Piano

Copyright 1922-1950 by Wilhelm Hansen, Copenhagen

18055

Meno

Tempo I

Andante

Tempo I

6

II. Menuet giocoso

Allegretto moderato

18055

A Monsieur ANTON HANSEN

SUITE

pour Trombone avec Piano

I. Triomphale

Droits d'exécution
réservés

TROMBONE

Axel Jørgensen, Op. 22

Allegro con fuoco

Copyright 1922-1950 by Wilhelm Hansen, Copenhagen   18055

II. Menuet giocoso

III. Ballade et Polonaise (Tema con variazioni)

TROMBONE

Tempo di Polonaise (Variation I)

III. Ballade et Polonaise (Tema con variazioni)

Moderato

18055

8va basso

Tempo di Polonaise

(Variation I)

18055

(Variation II)

18055